Klemens Nodewald

Jeder Tag
will neu mit uns
beginnen

Jeder Tag will neu mit uns beginnen

*Unser Leben
zum Blühen bringen*

Gebete und Texte von
Klemens Nodewald

echter

Vorwort

Es gibt Situationen im Leben, wo ein Neubeginn einer regelrechten Erlösung gleichkommt. Auf einem Irrweg umkehren können, eine Fehlentscheidung nicht bis ans bittere Ende durchtragen müssen, bei Misserfolgen die Möglichkeit haben, die Aufgabe noch einmal anders angehen zu können, lässt tief aufatmen und schenkt uns das Gefühl: Neues Wachsen bricht in uns auf, unser Inneres entfaltet sich.

Dieser Aufwind eines Neubeginns, den wir nach Negativsituationen besonders stark erfahren, lässt sich auch im ganz normalen Alltag erleben. Dort, wo wir in unseren Plänen und bei der Arbeit bewusst einen neuen Anfang setzen, rühren sich in der Regel sofort die Kräfte der Phantasie und Kreativität in uns. Es reizt uns, Tätigkeiten oder Aufgaben, die hinter uns liegen und gelungen sind, bei ihrer Wiederholung noch einmal anders, ein wenig abgewandelt und verändert, zu gestalten. In diesen Variationen des Alltäglichen spüren wir, wie Lebendigkeit in uns wach wird, Leben zu größerer Fülle strebt und zum Blühen kommt. Jeder Tag lädt uns ein, nicht nur in der Umkehr von falschen Wegen, sondern auch im Alltäglichen bewusst Neuanfänge zu setzen, um durch Vielfalt unser Leben zu bereichern und auszuschmücken.

Der gläubige Mensch wird bei seiner Mühe der Gestaltung des Lebens in Variationen und Vielfalt durch bewusste Neuanfänge beglückend erfahren, dass sein Vertrauen in Gottes Beistand ihm eine Quelle großer Kraft ist. In Dankbarkeit und Freude wird er aus dieser Quelle schöpfen, um Gottes Gaben der Gnade in sein eigenes Wirken einfließen zu lassen.

Das vorliegende Buch möchte Anregungen geben, Leben froh und begeistert zu gestalten. Im Innehalten und Nachdenken möchte es helfen aufzuspüren, was blühendem Leben nützt und was dem Leben schadet. An Beispielen aus dem Alltag werden Wege gezeigt, die Leben vertiefen und es beflügeln.

Leben im Ja zu uns selbst

Die Rolle Gottes in meinem Leben

*Des Menschen Herz plant seinen Weg,
doch der Herr lenkt seinen Schritt.*
SPRICHWÖRTER 16,9

Ich glaube
dass Gott der Drehbuch-Autor
meines Lebens ist

Gleichzeitig übernimmt er
die Rolle des Regisseurs
als Garant für das Gelingen
meines Lebens-Dramas

Wie ich meine Rolle ausfülle und spiele
überlässt Gott mir
mit Hinweisen von seiner Seite
damit ich das Optimale
aus meinen Fähigkeiten heraushole

Wo ich lernwillig bin
werden mir viele Lebensszenen
großartig gelingen

Sei so frei

Inzwischen überredeten
die Hohenpriester und die Ältesten die Menge,
die Freilassung des Barabbas zu fordern,
Jesus aber hinrichten zu lassen.
Der Statthalter fragte sie:
Wen von beiden soll ich freilassen?
Sie riefen: Barabbas!
MATTHÄUS 27,20–21

Sei so frei ...
    steh zu dir selbst
    bilde dir deine eigene Meinung
    wähle deinen eigenen Weg

Sei so frei ...
    binde dich an die Wahrheit
    wisse dich dem Redlichen verpflichtet
    gehe keine faulen Kompromisse ein

Sei so frei ...
    gib dem Druck der Masse nicht nach
    schwimme gegen den Strom
    gib deine gute Gesinnung nie preis

Werde so frei
    stets deinem Gewissen zu folgen

Wenn andere an dir zweifeln

Fehlt es aber einem von euch an Weisheit,
dann soll er sie von Gott erbitten;
Gott wird sie ihm geben,
denn er gibt allen gern
und macht niemand einen Vorwurf.
Wer bittet, soll aber voll Glauben bitten
und nicht zweifeln;
denn wer zweifelt, ist wie eine Welle,
die vom Wind im Meer hin und her getrieben wird.
JAKOBUSBRIEF 1,5–6

Wenn Menschen an dir zweifeln
halte fest an deinem Vertrauen zu dir selbst
das du dir aus Gott erworben hast

Dein Selbstvertrauen aus Gott
wird dich Dinge vollbringen lassen
die andere noch ins Staunen versetzen

Aber höre und bedenke
die Worte der anderen –
Nimm ihnen ihre Zweifel nicht übel
Ein Fünkchen Wahrheit steckt in ihren Bedenken

Glaube trotzdem an dich
und dass dir im Vertrauen auf Gott
noch vieles gelingen wird
womit die Skeptiker nicht rechnen

Eigene Schwächen akzeptieren

Er aber vergab ihnen voll Erbarmen die Schuld
und tilgte sein Volk nicht aus.
Oftmals ließ er ab von seinem Zorn
und unterdrückte seinen Groll.
Denn er dachte daran, dass sie nichts sind als Fleisch,
nur ein Hauch, der vergeht und nicht wiederkehrt.
PSALM 78,38–39

Ich liebe
meine Schwächen und Fehler nicht

Zu ihnen stehen
mich mit ihnen aussöhnen
sie ohne Murren und Ablehnung
aushalten und ertragen

gelingt mir am ehesten

wenn ich betrachte
wie barmherzig und geradezu liebevoll
Gott mit den Schwächen und Fehlern der Menschen
umgeht

Mit Gott gelingt das Leben

Du zeigst mir den Pfad zum Leben.
Vor deinem Angesicht herrscht Freude in Fülle,
zu deiner Rechten Wonne für alle Zeit.
PSALM 16,11

Mit deiner Güte, Herr,
kann ich mir ehrlicher begegnen
mich wohlwollender beurteilen
mir leichter verzeihen

Mit Vertrauen in dich
überwinde ich meine Ängste
kann ich vieles beherzter wagen
findet mein Zögern ein Ende

Mit deiner Hilfe
entdecke ich meinen Weg
stehe ich meinen Mann
lebe ich im Einklang mit mir

Mit dir, mein Gott, gelingt mein Leben

Wende dich auch dir selber zu

Er antwortete: Du sollst den Herrn, deinen Gott, lieben
mit ganzem Herzen und ganzer Seele,
mit all deiner Kraft und all deinen Gedanken,
und: Deinen Nächsten sollst du lieben wie dich selbst.
Jesus sagte zu ihm: Du hast richtig geantwortet.
Handle danach, und du wirst leben.
LUKAS 10,27–28

Es gibt Tage
an denen begegnet uns einfach niemand
der uns froh und glücklich macht
obwohl wir selbst unsere Liebe verschenkt haben

Darüber in Missmut verfallen
wäre die schlechteste Antwort

Wenden wir uns an solchen Tagen
lieber bewusst uns selber zu
Begegnen wir uns selbst mit Liebe und Wohlwollen
und Freude über uns

Seien wir uns immer wieder einmal
selbst der Nächste
Wir sind auch jemand
den wir beglücken und frohmachen dürfen

Das Ja zu unseren Grenzen

Euer Leben sei frei von Habgier;
seid zufrieden mit dem, was ihr habt;
denn Gott hat versprochen:
Ich lasse dich nicht fallen und verlasse dich nicht.
HEBRÄERBRIEF 13,5

Es gibt Grenzen
die wir uns selber ziehen
aus Unsicherheit oder Angst
nach Fehlschlägen oder Misserfolgen
aus Bequemlichkeit

Die von uns gezogenen Grenzen
mit der Hilfe Gottes zu durchbrechen
gehört mit zu den Aufgaben unseres Lebens.

Es gibt auch jene Grenzen
die jedem von uns persönlich gegeben sind
Grenzen der Erkenntnis und des Wissens
Grenzen seelischer Kraft und körperlicher Stärke
Grenzen in unseren Fähigkeiten
Grenzen des Machbaren und der Möglichkeiten
Grenzen im Erwerb von materiellen Gütern

Diese Grenzen anzuerkennen und zu bejahen
lässt uns innerlich ruhig werden
und verschafft unserer Seele Frieden

Warum bin ich, wie ich bin?

Im Übrigen soll jeder so leben,
wie der Herr es ihm zugemessen,
wie Gottes Ruf ihn getroffen hat.
Das ist meine Weisung für alle Gemeinden.
ERSTER KORINTHERBRIEF 7,17

Ich bin sicher und traue Gott zu
er hätte einen noch ganz anderen Menschen
aus mir machen können

Warum er dies nicht tat
das frage ich mich oft
Warum bin ich, wie ich bin

Und ich suche
Gott seinen geheimnisvollen Plan mit mir
zu entlocken

Was liebt der Herr an mir im Besonderen
Was traut er mir zu
Was hat ihn dazu bewogen
gerade mich
für diese oder jene Aufgabe zu bestimmen

Bewege mich durch deinen Geist

Die Apostel baten den Herrn:
Stärke unseren Glauben!
LUKAS 17,5

Herr,
heute steht es mir wieder deutlich vor Augen

Ich glaube zwar an dich –
aber ein gutes Stück zu gewöhnlich
Mein Glaube müsste entschiedener
mein Denken und Handeln bestimmen

Ich liebe dich –
aber zu allgemein und zu kraftlos
Es fehlt mir die innere Glut
die lodernde Flamme
die tiefe, innige Beziehung zu dir

Ich möchte heraus
aus dem zu Gewöhnlichen
aus dem zu Allgemeinen
aus dem zu Matten

Bewege mich durch deinen Geist
meinen Glauben lebendiger zu leben

Nur mit uns

Es gibt verschiedene Kräfte, die wirken,
aber nur den einen Gott:
Er bewirkt alles in allen.
ERSTER KORINTHERBRIEF 12,6

Kein menschliches Problem löst Gott allein
aber viele mit uns zusammen

Gott will und wird unserer Mühe hinzufügen
was wir nicht vermögen

Er ist nicht stolz und vernarrt in sich selbst
so dass er nur allein
Wunderbares vollbringen möchte

Vielmehr ist es sein Wunsch
alles Gute und Heilsame für uns und unsere Welt
mit uns und durch uns zu wirken

Verbirg deinen Schatten nicht

Hört, Söhne, die Lehre von der Scham,
lernt, was Scham ist nach meinem Urteil.
Nicht jede Scham ziemt sich,
nicht jedes Schamempfinden ist empfehlenswert.
JESUS SIRACH 41,16

Wenn Bäume, Sträucher, Blumen
Hügelketten und Berge
Hütten und Gebäude
ihre Schatten zeigen

treten ihre Konturen, ihre Strukturen und ihr Profil
klarer hervor
leuchten ihre Farben kräftiger
heben sich die Gebilde deutlicher voneinander ab

Auch wir Menschen
werden in unserer Besonderheit
in unseren unterschiedlichen Färbungen
in unserer Persönlichkeit
greifbarer

sobald wir uns trauen
unsere Schatten hervortreten zu lassen
und sie offen zu zeigen

Die eigenen Grenzen sichtbar machen

Obwohl ich zum König gesalbt worden bin,
bin ich heute noch zu schwach,
und diese Männer, die Söhne der Zeruja,
sind stärker als ich.
ZWEITES SAMUELBUCH 3,39A

Unsere Grenzen und Schwächen
nicht zu verbergen
sollten wir uns trauen

Es hilft
den Menschen um uns her
uns besser einzuschätzen
und wird verhindern
dass sie von uns etwas erwarten
was wir nicht leisten oder gewähren können

Sich selbst überraschen

*Jesus war erstaunt, als er das hörte,
und sagte zu denen, die ihm nachfolgten:
Amen, das sage ich euch: Einen solchen Glauben
habe ich in Israel noch bei niemand gefunden.*
MATTHÄUS 8,10

Gelegentlich müssen wir uns
auch selbst überraschen

mit dem Mut, den wir aufbrachten
mit einem Wagnis, das wir eingingen
mit der Zähigkeit, mit der wir durchhielten
mit einer Aufgabe,
die wir übernahmen und glänzend ausführten
mit einer kühnen Idee,
die wir schließlich verwirklichten
mit dem Schwung, den wir entwickelten
mit der Ruhe, die wir in heikler Situation bewahrten
mit der Kraft, mit der wir das Leid ertrugen

Gelegentlich muss ich mich selbst überraschen
um über mich zu staunen
und den Reichtum meiner Fähigkeiten zu entdecken

Lass dich nicht treiben

Darum macht die erschlafften Hände
wieder stark
und die wankenden Knie wieder fest.
HEBRÄERBRIEF 12,12

Lass dich im Leben
nie treiben wie vom Wind

Er weht, stürmt und zerzaust
treibt Wolken zusammen und auseinander
wirbelt, tobt und legt sich wieder

Lerne die Situationen des Lebens beherrschen
wie ein Seemann den Wind
der den Aufwind mit den Segeln einfängt
den Sturmwellen aber geschickt ausweicht

Das Steuer fest in der Hand
nutzt er die Kräfte des Windes
vermeidet aber
sich seinen Launen auszusetzen

Auf rechtem Weg verbleiben

Ihr, die ihr den Herrn fürchtet,
hofft auf sein Erbarmen,
weicht nicht ab, damit ihr nicht zu Fall kommt.
JESUS SIRACH 2,7

Der Weg nach vorn, Herr,
gleicht öfters einem Suchen und Tasten

Deutlicher als der Weg nach vorn
sind mir die Seitenwege bekannt
die mich ins Verderben führen können

Hilf mir
diese Wege zu meiden
damit ich wenigstens auf gutem Weg verbleibe
auch wenn ich zuweilen nur mühsam
meinen Weg nach vorn finde

Loslassen und im Wesen wachsen

Ich bitte, er möge euch aufgrund
des Reichtums seiner Herrlichkeit schenken,
dass ihr in eurem Innern
durch seinen Geist an Kraft und Stärke zunehmt.
EPHESERBRIEF 3,16

Ein Bach plätschert dahin
bewässert
ermöglicht Leben und Blühen
schafft fruchtbare Landschaften

Auf seinem Weg zum Ziel
lässt der Bach ohne Zögern
alles durch ihn Mitgeschaffene zurück
übergibt es den Menschen

Nur das Wasser
das ihn zum Bach macht
nimmt er stets mit
Unterwegs sammelt er weiteres Wasser
aus Rinnsalen und Wasserläufen
um als Bach an Größe zu gewinnen

Am Ende begrüßt ihn das Meer
dankt ihm für die Fülle des Wassers
und dass er alles durch ihn Mitentstandene
zurückließ

Uns für den Tag zubereiten

Gepriesen sei der Herr, Tag für Tag!
Gott trägt uns, er ist unsere Hilfe.
PSALM 68,20

Vom Schlaf erwacht
sollten wir uns
neben Hose, Rock und Hemd
auch bekleiden mit

Gottvertrauen
Lebensfreude
neuem Mut
Friedfertigkeit
und Freundlichkeit

um uns gut
für den Tag vorzuberciten

Freude am Klagen

Da hast du mein Klagen in Tanzen verwandelt,
hast mir das Trauergewand ausgezogen
und mich mit Freude umgürtet.
Darum singt dir mein Herz
und will nicht verstummen.
Herr, mein Gott, ich will dir danken
in Ewigkeit.
PSALM 30,12–13

Es gibt Menschen
die fühlen sich bei ihrem Klagen
offensichtlich so wohl

dass sie gute und hilfreiche Vorschläge
wie sie ihren Leiden entkommen könnten
nicht nur überhören und nicht bedenken
sondern von vornherein
strikt ablehnen

Sie gleichen fröhlich Tanzenden
zu ihren Klageliedern

Leben gestalten

Der Tageskalender

Ein tiefes Wasser
sind die Pläne im Herzen des Menschen,
doch der Verständige schöpft es herauf.
SPRICHWÖRTER 20,5

Der Tageskalender –
eine Einladung zum Innehalten
wenigstens für ein paar Augenblicke
sonst halten die Blätter des Tageskalenders
ihre Sprüche zur Erbauung
ihre erprobten und bewährten
Vorschläge, Hinweise, Tipps
zur Vertiefung des Lebens
vergeblich für uns bereit

Innehalten
den Tag ausrichten
die Hinweise des Tageskalenders
ins Leben und in den Alltag einbauen
damit sie nicht mit den Blättern des Kalenders
in den Papierkorb wandern

Den Spieß umdrehen

Meidet das Böse in jeder Gestalt.
ERSTER THESSALONICHERBRIEF 5,22

Das Gute unterlassen wir oft
weil es uns Mühe kostet

Drehen wir den Spieß doch einmal um

Unterlassen wir das Böse
Es ist das einzige Gute
für das man sich nicht abmühen muss

Wir müssen das Böse und Unrechte
nur unterlassen

Erst noch in den Spiegel schauen

Mehr als alles hüte dein Herz;
denn von ihm geht das Leben aus.
SPRICHWÖRTER 4,23

Wer in den Spiegel schaut
will das Schöne an sich entdecken
oder die Flecken
die er noch beseitigen möchte
bevor er in die Öffentlichkeit tritt

Bevor wir mit Menschen zusammentreffen
noch einmal kurz
mit unserem Herzen in den Spiegel zu schauen
um das Liebenswerte an uns
in den Blick zu nehmen
oder um Flecken wie
schlechte Laune, Rechthaberei, Überheblichkeit
erst noch schnell zu entfernen

wäre eine gute Angewohnheit

Dem Widerwärtigen trotzen

Der Gott aller Gnade aber, der euch in Christus
zu seiner ewigen Herrlichkeit berufen hat,
wird euch, die ihr kurze Zeit leiden müsst,
wieder aufrichten,
stärken, kräftigen und auf festen Grund stellen.
ERSTER PETRUSBRIEF 5,10

Gräser und Halme auf einem Feldweg
werden von Sandalen, Schuhen oder Stiefeln
oft breit getreten
geknickt
verletzt
beschädigt
in Grund und Boden gestampft

Aus dem Willen zu leben
richten sich Gräser und Halme
immer wieder auf
und trotzen entschlossen
dem Widerwärtigen in ihrem Dasein
dem sie machtlos ausgeliefert sind

Leiden und Verletzungen
machen mir oft sehr zu schaffen
erschweren mir das Leben
zehren an meinen Kräften
drücken mich zu Boden

Aber ich gestatte ihnen nicht
mich unglücklich zu machen
Ich will entschlossen leben
und dem Widerwärtigen trotzen

Genießen will ich
    das Schöne und Gute um mich her
Auskosten will ich
    die Wärme und Nähe
    die mir von Mitmenschen entgegengebracht wird
Vertrauen will ich
    auf Gottes Hilfe

So ziehe ich meinen Leiden und Verwundungen
ihre Grenzen
und erhebe mich über sie

Freude am Glauben

Uns wird Leid zugefügt,
und doch sind wir jederzeit fröhlich;
wir sind arm und machen doch viele reich;
wir haben nichts und haben doch alles.
ZWEITER KORINTHERBRIEF 6,10

Wer sich
an seinem Glauben
freuen kann

bringt viel Sonnenschein
in jeden seiner Tage

und nimmt
dem Schweren und Leidvollen
ein gerütteltes Maß
an Traurigkeit und Verzagtheit

Lass dich verführen

Mein Sohn,
bei all deinem Tun bleibe bescheiden,
und du wirst mehr geliebt werden als einer,
der Gaben verteilt.
JESUS SIRACH 3,17

Lass dich verführen
und dafür gewinnen

bei erlittenem Unrecht
nicht alles auf die Goldwaage zu legen

im Kreis von Schwächeren
nicht alle deine Trümpfe auszuspielen

bei deinen Erfolgen die zu erwähnen
denen du dein Können verdankst

wenn du nicht ausreichend gewürdigt wirst
ein Auge zuzudrücken

Lass dich verführen und locken
zu Demut und Großzügigkeit

Verhalten in die falsche Richtung aufgeben

Denn der Herr gibt Weisheit,
aus seinem Mund kommen Erkenntnis und Einsicht.
Besonnenheit wacht über dir,
und Einsicht behütet dich.
SPRICHWÖRTER 2,6.11

Wir halten uns oft zurück und heraus
wo gerade sich einmischen und
eindeutig Stellung beziehen
nottäte

Wir führen das Wort und unterbreiten bereits Pläne
wo erst einmal noch
aufmerksames Hinhören angebracht wäre

Wir bewahren oft mit großer Sorgfalt
belastende Erinnerungen
wo Versöhnung uns leicht von angestauter Bitterkeit
befreien könnte

Herr,
verschaffe uns Einsicht
für das richtige Verhalten in jeder Situation

Glaube will prägen

Nicht mehr ich lebe,
sondern Christus lebt in mir.
Soweit ich aber jetzt noch in der Welt lebe,
lebe ich im Glauben an den Sohn Gottes,
der mich geliebt und sich für mich hingegeben hat.
GALATERBRIEF 2,20

Der Glaube
will unser Wesen und unser Sein
formen und prägen

und nicht nur
unseren Gedanken und Diskussionen
als Gegenstand
dienen

Glaube will Jesu Wesenszüge
unserem Herzen einprägen
damit wir wie er
ganz aus der Liebe leben

Ich will mich verlieben

*Ich habe den Herrn beständig vor Augen.
Er steht mir zur Rechten, ich wanke nicht.*
PSALM 16,8

Ich will mich verlieben
    in dich, meinen Gott

Du sollst mich umarmen
    in Freude und Leid
Von dir will ich reden
    jeden Tag neu
An dich will ich denken
    zu jeglicher Zeit

Du siehst mein Ringen
    und gibst mir Kraft
Du hörst mein Klagen
    und schenkst mir Trost
Du bist meine Hoffnung
    meine Zuflucht, mein Halt

Verlieben will ich mich
in dich, meinen Gott,
für immer und ewig

Maskerade

Weh euch, ihr Schriftgelehrten und Pharisäer,
ihr Heuchler!
Ihr seid wie die Gräber, die außen angestrichen sind
und schön aussehen;
innen aber sind sie voll Knochen,
Schmutz und Verwesung.
So erscheint auch ihr von außen den Menschen gerecht,
innen aber seid ihr voll Heuchelei und Ungehorsam
gegen Gottes Gesetz.
MATTHÄUS 23,27–28

Manchmal
spüre ich in mir die Frage

Tragen wir Menschen
nicht öfters unmaskiert eine Maske
hinter der wir unsere wahre Gesinnung
verbergen

während wir maskiert
ganz unversehens
oft ein Stück
von unserer wahren Gesinnung
offenbaren

Kostbare Lebenserfahrung

Ihr alle, die ihr Gott fürchtet, kommt und hört;
ich will euch erzählen, was er mir Gutes getan hat.
Zu ihm hatte ich mit lauter Stimme gerufen,
und schon konnte mein Mund ihn preisen.
Gepriesen sei Gott;
denn er hat mein Gebet nicht verworfen
und mir seine Huld nicht entzogen.
PSALM 66,16−17.20

Schicksalsschläge im Leben
können uns

Steine in den Weg legen
bestimmte Wege verbauen
dem Leiden aussetzen
das Leben erschweren

Aber solange wir mit Gott
fest verbunden bleiben
kann nichts und niemand

alle Ziele in uns zerstören
uns jegliche Hoffnung nehmen
uns den Glauben an eine „Hilfe von oben" rauben

Gepriesen sei Gott,
der uns seine Huld und Hilfe
immer wieder
spüren und erfahren lässt

Sich in der Liebe bewähren

*Seid demütig, friedfertig und geduldig,
ertragt einander in Liebe.*
EPHESERBRIEF 4,2

Lieben
die uns lieben
die uns helfen und beistehen
die gut über uns denken und reden
die uns freundlich begegnen oder einladen
wird uns ohne besondere Schwierigkeiten gelingen

Auf Liebe mit Gegenliebe antworten
sind gute erste Schritte
Liebe einzuüben

Den Nervigen und Widerborstigen
den Angebern und Besserwissern
den Launenhaften und Nörglern
den Drückebergern und Unzuverlässigen
den kleinen und größeren Gegnern
unsere Liebe nicht verweigern

ist die Herausforderung
uns in der Liebe zu bewähren

Liebe eifert nicht

Ihr seid von Gott geliebt,
seid seine auserwählten Heiligen.
Darum bekleidet euch
mit aufrichtigem Erbarmen,
mit Güte, Demut, Milde, Geduld!
KOLOSSERBRIEF 3,12

Liebe kennt keine nervige Unruhe oder Hektik
Sanftmut strömt durch ihre Adern
Geduld gibt ihr langen Atem
Güte und Milde beruhigen ihren Pulsschlag

Liebe wärmt wie Sonnenstrahlen im Winter
Sie schmilzt Eis in Herzen
erwärmt, was kalt geworden ist
bereitet Sprossen und Blühen vor –
alles still und ohne Drang und Eile

Liebe unterlässt beständiges Bedrängen
Sie eifert nicht ruhelos
und kann Zeit gewähren
weil sie felsenfest
an einen baldigen Sieg des Guten im Menschen
glaubt

Sich dem göttlichen Feuer aussetzen

Mose sagte:
Ich will dorthin gehen
und mir die außergewöhnliche Erscheinung ansehen.
Warum verbrennt denn der Dornbusch nicht?
EXODUS 3,3

Feuer
das brennt und dennoch nichts verbrennt
ist göttliches Feuer

Es will uns einladen und locken
heiligen Boden zu betreten
uns Gott zu nähern
um sich von ihm entzünden zu lassen

Göttliches Feuer
will lebendig machen
will durch uns leuchten, wo es dunkel geworden ist
will das Gute in uns entfachen
will unserer Liebe Glut verleihen
will uns begeistern,
temperamentvoll Glauben zu leben

Göttliches Feuer will uns in Flammen setzen
damit wir brennen
ohne etwas in Brand zu setzen

Lasst euch ermahnen

Im Übrigen, liebe Brüder, freut euch,
kehrt zur Ordnung zurück,
lasst euch ermahnen,
seid eines Sinnes, und lebt in Frieden!
Dann wird der Gott der Liebe und des Friedens
mit euch sein.
ZWEITER KORINTHERBRIEF 13,11

Ich vermute
manchmal sind Menschen
uns gegenüber
nur deswegen unehrlich

weil sie sehen und erfahren
wie unfähig wir sind
oder wie schwer wir uns tun

gut mit ihrer Kritik und ihrer Aufrichtigkeit
umzugehen

Das lautere Herz

Der reine Hände hat und ein lauteres Herz,
der nicht betrügt und keinen Meineid schwört,
er wird Segen empfangen vom Herrn
und Heil von Gott, seinem Helfer.
PSALM 24,4–5

Ein lauteres Herz haben
kann bedeuten

die Hilfsbereitschaft oder Schwäche anderer
nicht ausnutzen
anderen nicht die Worte im Munde verdrehen
ohne hinreichende Gründe niemanden verdächtigen
positiv denken
nicht im Trüben fischen
alles Überreden oder Manipulieren unterlassen
den eigenen Anteil der Schuld sehen und zugeben
anderen das Gute gönnen und sich mit ihnen freuen
bei Gegnerschaft fair bleiben

Sei kreativ

*Lasst nicht nach in eurem Eifer,
lasst euch vom Geist entflammen
und dient dem Herrn.*
RÖMERBRIEF 12,11

Lass nicht andere für dich denken
Sei spontan und kreativ

Wer zuhauf Ideen entwickelt
wird nicht in Trauer verfallen
wenn er einige von seinen Vorstellungen
aus widrigen Umständen
nicht verwirklichen kann

Kreativität und Eifer
geben dem Leben Flügel
und befreien die Mühe vom Gefühl der Last

Manchmal bedarf es erst der Tränen

Jesus wandte sich ihnen zu und sagte:
Ihr Frauen von Jerusalem, weint nicht über mich;
weint über euch und eure Kinder!
LUKAS 23,28

Den weinenden Frauen
trocknete Jesus ihre Tränen nicht
Er hieß sie weinen
über sich selbst und ihre Kinder

Es darf und muss unser Herz
großes Mitleid erfüllen
wenn wir die Härte und Lieblosigkeit sehen
unter denen Menschen leiden

Jesus will jedoch
dass wir mehr noch über unsere eigene Licblosigkeit
nachdenken und entdecken
was wir mit ihr bei anderen anrichten

Manchmal müssen wir erst
Tränen der Erschütterung über uns selbst vergießen
damit wir uns von unserer Lieblosigkeit
wirklich bekehren

Scheue die Hast

Da sage er zu ihnen:
Kommt mit an einen einsamen Ort,
wo wir allein sind, und ruht ein wenig aus.
Denn sie fanden nicht einmal Zeit zum Essen,
so zahlreich waren die Leute, die kamen und gingen.
MARKUS 6,31

Scheue die ständige Hast

Sie lässt uns glauben
wir könnten mit ihr Zeit gewinnen

In Wahrheit zernagt die Hast unsere Zeit
Sie gibt uns keine Zeit zum Luftholen
Sie gewährt keine Zeit zur Besinnung
Sie lässt uns keinen Rhythmus finden
Sie raubt die Zeit für echte Begegnungen
Sie dehnt nicht die Zeit der schönen Augenblicke
Sie kürzt die Stunden der Ruhe und Entspannung

Hast hetzt und treibt
ohne Zeit zu gewinnen

Ein Ja zu deinem Nein

Da sagte er zu den Juden, die an ihn glaubten:
Wenn ihr in meinem Wort bleibt,
seid ihr wirklich meine Jünger.
Dann werdet ihr die Wahrheit erkennen,
und die Wahrheit wird euch befreien.
JOHANNES 8,31–32

Herr
ich will ein Ja sagen zu deinem Nein

Nein sagst du
wo ich mich besser darstelle, als ich bin
wo ich meine Überlegenheit ausspiele
wo ich mich gehen lasse und nach Lust und Laune lebe

Nein sagst du
wenn ich es mit der Wahrheit nicht so genau nehme
wenn ich mich taub stelle
wenn ich mich dem möglichen Guten verweigere

Nein sagst du
wo ich für Schwächere nicht eintrete
wo ich dem Leidenden ausweiche
wo ich auf Kosten anderer meinen Vorteil suche

Dein Nein will ich bekräftigen
durch mein klares Ja zu dir und deinem Nein
in Wort und Tat

Altern rechtzeitig vorbereiten

*Denn ehrenvolles Alter
besteht nicht in einem langen Leben
und wird nicht an der Zahl der Jahre
gemessen.*
BUCH DER WEISHEIT 4,8

Wo es gelingt

Klugheit und Weisheit
Geduld und Gelassenheit
Güte und Verständnis
Vertrauen und Zuversicht
Glaube und Gottverbundenheit

von Jahr zu Jahr zu mehren

dort lässt sich das Älterwerden
gut und angemessen
gestalten

Die Sprache der Natur

*Wenn ich in den Sprachen
der Menschen und Engel redete,
hätte aber die Liebe nicht,
wäre ich dröhnendes Erz oder eine lärmende Pauke.*
ERSTER KORINTHERBRIEF 13,1

Ich lausche in die Natur
Sie ist nicht stumm oder verschlossen
nur still, verhalten, diskret, behutsam

Sie redet mit jedem
der innerlich ruhig wird
und ihr aufmerksam zuhört

Die Sprache der Natur
ist weder wortkarg noch schwatzhaft
Sie ist frei von Vorwurf und Anklage
Ohne zu prahlen zeigt die Natur
ihre Schönheit und Pracht

Ihre Worte sind einladend, freundlich, versöhnlich
voll wohltuendem Klang
eingebettet in Bilder, Farben und Duft
und kreisen um das
was Leben ermöglicht, beglückt
und was dem Leben schadet

Ich lausche und wünsche mir von Herzen
mir die Sprache der Natur
die Sprache der Liebe und Wärme
zu eigen zu machen

Gottes Wort schenkt Leben

Alles ist durch das Wort (Gottes) geworden,
und ohne das Wort wurde nichts,
was geworden ist.
In ihm war das Leben,
und das Leben war das Licht der Menschen.
JOHANNES 1,3–4

Das Wort Gottes
in uns aufgenommen
bewirkt Leben

Es macht trauernde Herzen froh
schenkt ängstlichen Herzen Zuversicht
spendet erkalteten Herzen Wärme
öffnet trübe Herzen für den klaren Blick
füllt verzagte Herzen mit Hoffnung und Zuversicht
erhält liebenden Herzen die Glut

Alle
die Gottes Wort in sich aufnehmen
wählen Leben mit größerer Tiefe
und beglückendem Gewinn

Schlechte Gewohnheiten bereiten Verdruss

Schwer ist der Stein, und eine Last ist der Sand,
doch der Ärger mit einem Toren ist schwerer als beide.
SPRICHWÖRTER 27,3

Schlechte Gewohnheiten
und törichtes Verhalten
erzeugen Ärger und Verdrießlichkeit

Sie ruinieren
so manchen wunderbaren Tag
der vielversprechend und verheißungsvoll
begann

und stellen unser Licht und wahres Wesen
unnötig unter den Scheffel

Unsere Früchte müssen wir verschenken

Die Frucht des Geistes aber ist
Liebe, Freude, Friede, Langmut, Freundlichkeit,
Güte, Treue, Sanftmut und Selbstbeherrschung.
GALATERBRIEF 5,22–23A

Die Früchte des Geistes und der Liebe
die wir hervorbringen
müssen wir verschenken
sonst verdorren sie
wie ungepflücktes Obst an den Bäumen

Und manche unserer Früchte
wie das grundsätzliche Angebot der Hilfsbereitschaft
oder auch Freundschaft und Nähe

lassen sich von den Mitmenschen als Vorrat lagern
wie Äpfel für den Winter

Miteinander füreinander leben

Tautropfen für die Seele

*Über die Bruderliebe
brauche ich euch nicht zu schreiben;
Gott selbst hat euch schon gelehrt,
einander zu lieben.*
ERSTER THESSALONICHERBRIEF 4,9

Selbst wenn wir manche Menschen
nicht tief im Herzen zu lieben vermögen
sollten wir ihnen gegenüber
die uns mögliche Zuwendung
nicht unterlassen

Es könnten Tautropfen sein für ihre Seelen
die ihnen helfen
die Dürre mit uns
ohne große schmerzliche Verwundungen
friedlich und versöhnlich
zu überstehen

Nicht überzogen reagieren

Seid gütig zueinander, seid barmherzig,
vergebt einander,
weil auch Gott euch durch Christus
vergeben hat.
EPHESERBRIEF 4,32

Wir sollten nicht immer gleich
einen Aufstand organisieren
oder halbwegs einen Krieg anfangen
nur weil wir uns gegen jemanden
wehren wollen oder müssen

Kriege vernichten und zerstören
auch die kleinen Alltagskriege

Oft ist eine Sache
nicht einmal einen Streit wert

Wo dieser aber nötig ist
sollte er von uns fair geführt werden
und dem Gegner nicht die Würde nehmen
oder die Luft abwürgen

Sag mir deine Wünsche

Darum sage ich euch:
Bittet, dann wird euch gegeben.
LUKAS 11,9A

Wer zu sehr erwartet
dass andere seine Wünsche
ständig erahnen und erraten
oder dies gar fordert
als Zeichen gegenseitiger Vertrautheit

wird im Leben
viele Enttäuschungen erleiden

selbst von denen
die gern eine ganze Reihe
oder sogar die meisten seiner Wünsche
erfüllen würden

Sie werden sich aufrichten

Erbarmt, erbarmt euch meiner,
ihr, meine Freunde!
IJOB 19,21A

Schenke

einem Verachteten
　deine Wertschätzung

einem Abgelehnten
　dein Vertrauen

einem Zaudernden und Zögerlichen
　deine Geduld

einem Erfolglosen
　deine Anerkennung für seine Mühe

einem Entnervten oder Einsamen
　ein wenig von deiner Zeit
　für ein Gespräch von Herz zu Herz

Sie werden sich aufrichten
wie welkende Blumen auf trockenem Erdreich
wenn sie Wasser erhalten

In den Wind gesprochen

Seid untereinander so gesinnt,
wie es dem Leben in Christus Jesus entspricht.
PHILIPPERBRIEF 2,5

Berechtigte Kritik
und unangenehme Wahrheiten

die wir uns nicht freundlich
mit Herzlichkeit und Wärme sagen
sind in den Wind gesprochen

Wir werden uns
selbst in den einfachsten Dingen
immer wieder missverstehen
solange wir uns
nicht wohlwollend begegnen

Begegnung mit Fremden

Einen Fremden sollst du nicht ausbeuten.
Ihr wisst doch, wie es einem Fremden zumute ist;
denn ihr selbst seid in Ägypten Fremde gewesen.
EXODUS 23,9

Fremde
Ausländer
unbekannte Menschen
denen wir herzlich begegnen

und gelegentlich
auch helfen und Freude bereiten

beginnen wir fast
wie von selbst
lieb zu gewinnen und zu schätzen

Wohlwollen setzt in Bewegung

Versag keine Wohltat dem, der sie braucht,
wenn es in deiner Hand liegt, Gutes zu tun.
SPRICHWÖRTER 3,27

Zachäus wurde als Zöllner
von den Mitmenschen verachtet.
Als Jesus diese Ablehnung durchbrach,
geschah Folgendes:
„Zachäus wandte sich an den Herrn und sagte:
Herr, die Hälfte meines Vermögens
will ich den Armen geben,
und wenn ich von jemand zu viel gefordert habe,
gebe ich ihm das Vierfache zurück" (Lk 19,8).

Wohlwollen
setzt in Bewegung
verändert Gesinnung
öffnet Herzen

Solange wir daran glauben
dass Wohlwollen
Menschen zum Guten verändert

wird es uns gelingen
auch unangenehmen Erdenbewohnern
liebevoll zu begegnen

Ich möchte dich nicht verlieren

Besser offener Tadel
als Liebe, die sich nicht zeigt.
SPRICHWÖRTER 27,5

Gern
würde ich dich noch heute
bis auf den Grund meines Herzens
blicken lassen
um dir meine Liebe zu zeigen

Ich zögere
weil ich mir nicht sicher bin
ob du dich auf dem Weg dorthin
über meine Blößen
denen du dabei begegnest
so sehr erschreckst
dass du dich für immer
von mir abwenden würdest

Der Tag wird kommen
wo ich dir Einblick gewähren muss
ohne dir die negativen Seiten an mir
zu verhehlen

damit du dich entscheiden kannst
ob du mich zu lieben vermagst
so wie ich bin

Zurückhaltend im Reden

Denkt daran, meine geliebten Brüder:
Jeder Mensch soll schnell bereit sein zu hören,
aber zurückhaltend im Reden.
JAKOBUSBRIEF 1,19A–C

Wenn wir in einem Gespräch
so lange und so viel reden
dass es dem anderen dabei
schwindelig wird

wird er vom Gespräch
bei unserem Zusammensein
als Einziges nur dies
in Erinnerung behalten

Hand anlegen

Nach diesen Worten
zeigte er ihnen seine Hände und seine Seite.
Da freuten sich die Jünger, dass sie den Herrn sahen.
Noch einmal sagte er zu ihnen: Friede sei mit euch!
JOHANNES 20,20–21A

Als Jesus den Jüngern
nach seiner Auferstehung
seine verwundeten, durchbohrten Hände zeigte,
da wussten sie:
Es gilt, Hand anzulegen,
um das Werk seiner Liebe weiterzuführen
und lebendig zu erhalten.

Es muss die Beherzten geben,
die Hand anlegen und in die Hand nehmen,
was Menschen zum Heil dient,
– sie aufatmen lässt,
– ihnen Hoffnung schenkt,
– sie neu motiviert und ihnen Kraft verleiht.

Legen wir Hand an,
auch wenn wir sehr genau wissen:
Wir haben es nicht allein in der Hand,
was jeweils aus unserer Anstrengung wird.

Hoffnungen nicht zerstören

*Hingehaltene Hoffnung macht das Herz krank,
erfülltes Verlangen ist ein Lebensbaum.*
SPRICHWÖRTER 13,12

Menschen setzen ihre Hoffnung in uns
warten auf unsere Hilfe
und unseren Beistand

Hoffnungen und Erwartungen der Mitmenschen
ins Auge fassen und erfüllen
macht uns kostbar und wertvoll
lässt unsere Mitmenschen aufatmen
und neue Freude am Leben gewinnen

Hoffnungen, die wir erfüllen
gehören zu den beglückendsten Geschenken
die wir machen können

Bewahre mich, Herr, davor
die berechtigten Hoffnungen zu zerstören
die andere in mich setzen

Füllet die Krüge mit Wasser

Jesus sagte zu den Dienern:
Füllet die Krüge mit Wasser!
Und sie füllten sie bis zum Rand.
Er sagte zu ihnen: Schöpfet jetzt, und bringt es dem,
der für das Festmahl verantwortlich ist.
Sie brachten es ihm.
Er kostete das Wasser, das zu Wein geworden war.
JOHANNES 2,7–9A

Wie die Diener die Krüge mit Wasser füllten
so will ich in die leeren Krüge der Menschen
meine Worte
meine Ratschläge
meine Hilfe
mein Mitleid
meine Überlegungen
meine Ansichten
meine Meinung
meine Nähe
meine Lauterkeit
meinen guten Willen
gießen – wie Wasser

Das Wunder
dass „mein Wasser" zu Wein für die Menschen wird
musst und kannst nur du, Herr, wirken

Das schönste Wort an uns Menschen

Da sagte Mose zu Gott:
Ich werde also zu den Israeliten kommen
und ihnen sagen:
Der Gott eurer Väter hat mich zu euch gesandt.
Da werden sie mich fragen: Wie heißt er?
Was soll ich ihnen darauf sagen?
Da antwortete Gott dem Mose:
Ich bin der „Ich-bin-da".
EXODUS 3,13–14A

„Ich-bin-da"
Gottes schönstes Wort an uns Menschen

Weil ich daran glauben kann
dass du, Gott, da bist
legen sich viele Ängste in mir
Zuversicht gewinnt die Oberhand

Ich spüre immer wieder
dass dein Wort wahr ist
Du, mein Gott, bist da
Ich fühle mich von dir angenommen
getragen und beschützt

Auch wenn du nur verborgen da bist
höre ich dich zu mir sagen
Vertraue mir wie Menschen längst vor dir
Wie du auch bist
ich bin an deiner Seite
Fühl dich in mir geborgen

„Ich bin da" – ich bin bei dir
ist auch unser schönstes Wort
das wir einem Menschen sagen können
in seiner Angst
in seinem Leid
in Bedrängnis und Kummer
bei Verletzung und Unrecht
in seiner Einsamkeit
in seiner Schuld
in seiner Sehnsucht
Leben, Freude, Glück, Seligkeit
mit anderen teilen zu können

„Ich bin da" –
Gottes und unser schönstes Wort
an Menschen

Leid macht stumm

*Das gläubige Gebet wird den Kranken retten,
und der Herr wird ihn aufrichten.*
JAKOBUSBRIEF 5,15A–B

Mir ging es gut
Mir fehlte nichts
So erbat ich nichts von dir, Herr
Mein Danken geschah nur flüchtig – so nebenbei

Als das Leiden kam
erinnerte ich mich wenigstens an dich
Aber die Zeit bitteren Leids
ist nicht die Zeit des Betens
Ich machte die Erfahrung
Kummer und Leid machen sprachlos
stumm, dumpf, matt, gefühllos

Wie damals andere für mich beteten
und Hilfe vom Himmel erbaten
so möchte ich heute
– wieder gesund und wohlauf –
für alle Leidenden
Hilfe von dir, Herr, für sie erbitten

Baut Gott nicht das Haus

Wenn nicht der Herr das Haus baut,
müht sich jeder umsonst, der daran baut.
PSALM 127,1A

Ich wünsche dir Erfolg
und Gott gebe dir Ausdauer und die nötige Energie

Ich wünsche dir Glück
und Gott gebe dir das nötige Selbstvertrauen

Ich wünsche dir einen guten Tag
und Gott bewahre dich vor Unheil und Schaden

Ich wünsche dir Mut
und Gott richte dich auf bei Schwierigkeiten

Ich wünsche dir Wohlergehen
und Gott befreie dich von Habsucht und Gier

Ich wünsche dir einen klaren Blick
und Gott verleihe dir die Weisheit zu rechtem Urteil

Ich wünsche dir Kraft
und Gott verleihe dir den Sieg bei jedem guten Werk

Ich wünsche dir …
und Gott gebe und gewähre es dir …

Die Satten

Sättige mich mit Entzücken und Freude!
PSALM 51,10A

Tränen und Leid
berührt sie nicht – die Satten

Bitten und Klagen
hören sie nicht – die Satten

Für Recht und Wahrheit
kämpfen sie nicht – die Satten

Zusätzliche Mühe und freiwilligen Einsatz
scheuen sie – die Satten

Bei Erfolgen, Glück und Freude anderer
jubeln und tanzen sie nicht – die Satten

denn sie sind zu bequem,
zu lustlos, zu träge – die Satten

Zum Segen werden

Der Herr sprach zu Abraham:
Zieh weg aus deinem Land, von deiner Verwandtschaft
und aus deinem Vaterhaus in das Land,
das ich dir zeigen werde.
Ich werde dich zu einem großen Volk machen,
dich segnen und deinen Namen groß machen.
Ein Segen sollst du sein.
GENESIS 12,1–2

Warum soll Abraham
aus seinem Zuhause ausziehen?
Warum das eigene Land
verlassen und in der Fremde leben?

Warum nicht das schon Erworbene
in der Heimat mehren
und sich dort zu Ansehen bringen?

Warum heißt Gott immer wieder Menschen:
Verlass dein Elternhaus und deine Verwandtschaft,
gib deine bisherigen Pläne auf,
lebe an Orten, die ich dir zeigen werde?

Die Antwort Gottes auf diese Fragen
lautet immer gleich:
Weil ich dich zu einem Segen machen möchte
für die,
zu denen ich dich sende.

Ein Lichtstrahl der Liebe

Wenn wir aber im Licht leben,
wie er im Licht ist,
haben wir Gemeinschaft miteinander,
und das Blut seines Sohnes Jesus
reinigt uns von aller Sünde.
ERSTER JOHANNESBRIEF 1,17

Schon ein einziger Sonnenstrahl
vermag Freude in uns auszulösen
und die Hoffnung zu wecken
auf einen schönen, sonnigen Tag

Keinen Tag sendet die Sonne
nur einen einzigen Strahl zur Erde
Sie gibt sich immer ganz
mit ihrem Strahlenglanz

Der hellen Sonne möchte ich gleichen
verschenken alle Wärme meines Herzens
damit durch alle Dunkelheit und Sorge
Menschen ein Lichtstrahl der Liebe schimmert
der ihnen Freude schenkt
und sie hoffen lässt auf eine gute Zeit

wachsen – blühen – reifen

Sich in den Glanz der Gnade stellen

Unsere Seele hofft auf den Herrn;
er ist für uns Schild und Hilfe.
Ja, an ihm freut sich unser Herz,
wir vertrauen auf seinen heiligen Namen.
Lass deine Güte über uns walten, o Herr,
denn wir schauen aus nach dir.
PSALM 33,20–22

Wenn die Sonne lange genug
eine Knospe anlacht und wärmt
entfaltet sie sich
zu einer herrlichen Blüte
und entwickelt sich weiter zur Frucht

Ich will mich, Herr,
in den Glanz deiner Gnade stellen
damit deine Strahlen und deine Liebe mich treffen
wie die Sonne die Knospen
so dass ich mich entfalte
blühe
und erlesene Früchte trage

Alte Gewohnheiten hinter sich lassen

Wenn also jemand in Christus ist,
dann ist er eine neue Schöpfung:
Das Alte ist vergangen, Neues ist geworden.
ZWEITER KORINTHERBRIEF 5,17

Man muss auswandern
um ein neues Leben beginnen zu können

auswandern
aus alten Gewohnheiten und
bisherigen Lebensmustern
aus zu starken Abhängigkeiten
aus unguten Beziehungen
aus landläufigen Parolen und
festgelegten Gedankengängen
aus der Angst vor einem Risiko
aus erstarrten Gottes- und Menschenbildern

Um ein neues Leben zu beginnen
muss man sich von Bisherigem trennen können
die einengenden Grenzen überschreiten

Wüste gehört zum Leben

*Dann führte er sein Volk hinaus wie Schafe,
leitete sie wie eine Herde durch die Wüste.
Er führte sie sicher,
sie mussten nichts fürchten.*
PSALM 78,52−53A

Es gibt im Leben Wüsten
die man durchqueren muss
um ins Land der Verheißung und Bestimmung
zu gelangen

Nach kurzer Strecke
bereits an der ersten blühenden Oase
für immer verbleiben zu wollen
ist dabei die große Versuchung

Das Land unserer Verheißung
ist nicht ein Ort der Palmen und Gärten
eingebettet in Sorglosigkeit
Das Land unserer Bestimmung ist jener Lebensraum
den wir noch gestalten sollen zu einer Stätte
in der Friede, Gerechtigkeit
Menschlichkeit, Miteinander und Füreinander
immer wieder aufgebaut werden müssen

Unser Weg durch Strecken der Wüste
will uns auf Künftiges vorbereiten
Wüsten-Wege sind in besonderer Weise
Wege des inneren Wachsens und Reifens

Ohne Tod kein Übergang in neues Leben

Wie wir nach dem Bild des Irdischen
gestaltet wurden,
so werden wir auch nach dem Bild des Himmlischen
gestaltet werden.
ERSTER KORINTHERBRIEF 15,49

Der Gedanke an Tod und Sterben
löst oft Ängste in uns aus
Aber Tod und Sterben
gehören zum Leben

Das Kind im Mutterleib
wächst und entfaltet sich
nicht um für allezeit
im Mutterleib zu bleiben

Es muss ausgestoßen werden
dem Leben des Embryo absterben
sich weiterentwickeln
eine eigenständige Persönlichkeit werden

Und es gilt im Leben
weitere Tode zu sterben
wenn die Entwicklung gesund verlaufen soll
Die Kindheit muss aufhören
Die Jugendzeit muss ein Ende finden
Erwachsene müssen ins Alter eintreten

Von Stufe zu Stufe sollen wir wachsen und reifen
für eine Abnabelung vom Voraufgegangenen
um erneut geboren zu werden
in einen uns noch unbekannten neuen Lebensabschnitt
bis wir am Ende
„vollendetes, ewiges Leben" erlangen

Das Gute festhalten

*Nur müssen wir festhalten,
was wir erreicht haben.*
PHILIPPERBRIEF 3,16

Bäume bilden Jahresringe in ihren Stämmen
und halten damit
Lebendiges und Wertvolles aus ihrem Leben
für immer fest

Jahr um Jahr
das Wertvolle und Kostbare
das Bewährte und Gelungene
das Durchlittene und Bestandene
Sieg und Triumph
sammeln
festhalten
sich einverleiben

lässt wachsen und erstarken

Ein dankbares Herz empfindet doppelt

Lasst in eurer Mitte
Psalmen, Hymnen und Lieder erklingen,
wie der Geist sie eingibt.
Singt und jubelt aus vollem Herzen zum Lob des Herrn!
Sagt Gott, dem Vater, jederzeit Dank für alles
im Namen Jesu Christi, unseres Herrn!
EPHESERBRIEF 5,19–20

Ein dankbares Herz
erfährt und durchlebt

Wohlwollen
Hilfsbereitschaft
Herzlichkeit
Anerkennung
Mitgefühl
Nähe
Wärme
und jedes andere Geschenk
der Liebe

doppelt und dreifach

Verborgene Quellen

Der Herr öffnet dem Blinden die Augen,
er richtet die Gebeugten auf.
PSALM 146,8

Unsere Veranlagungen und Gottes Gnade
ruhen verborgen in uns

Diese Quellen für das Leben
in unserem Inneren
und in unserem Glauben

müssen oft erst erschlossen
und angebohrt werden

bevor sie kraftvoll zu sprudeln beginnen
und sich als großen Reichtum
erweisen

Lebensrollen

Und schließlich: Werdet stark
durch die Kraft und Macht des Herrn!
Seid also standhaft: Gürtet euch mit Wahrheit,
zieht als Panzer die Gerechtigkeit an
und als Schuhe die Bereitschaft,
für das Evangelium vom Frieden zu kämpfen.
EPHESERBRIEF 6,10.14–15

Sei deinem Begehren – ein Gebieter

deinen Wünschen – ein Herr

deinem Gewissen – ein treuer Diener

deinem Wollen – ein guter Kämpfer

deinen Planen – ein tüchtiger Advokat

deinem Herzen – ein Freund

deinen Leiden – eine Mutter

deinem Gott – ein Vertrauter

Nicht alles wechselt die Mode und Zeit

Herzensfreude ist Leben für den Menschen,
Frohsinn verlängert ihm die Tage.
JESUS SIRACH 30,22

Mode und Jahre
kommen und gehen
wechseln die Kleider und Ansichten

Die Gewänder der Freundlichkeit und Herzlichkeit
haben alle Wechsel überlebt
blieben und bleiben immer in Mode
und kleiden im alten Gewand
alle Tage jeden Menschen vorzüglich

Herzlichkeit und Freundlichkeit –
Gewänder des Menschen
schlicht und dennoch kostbar zugleich
königlicher Kleidung nicht unterlegen
sind Festtagskleider
die sich selbst der Ärmste
leisten kann

Mein Paradies

Denn wer in das Land seiner Ruhe gekommen ist,
der ruht auch selbst von seinen Werken aus,
wie Gott von den seinigen.
HERBRÄERBRIEF 4,10

Mir ein stilles, ruhiges Plätzchen suchen
mich freuen, dass ich leben darf
das Atmen und den Herzschlag spüren
bedenken, dass die ganze Welt auch mir gehört
verinnerlichen, dass ich von Gott und Menschen
geliebt werde
meine Arbeit als Dienst an den Menschen betrachten

Das ist mein kleines Paradies
der Ort, wo ich aufblühe
um mit neuer Kraft an die Arbeit zu gehen

Blind sein

Und Jesus fragte ihn: was soll ich dir tun?
Der Blinde antwortete:
Rabbuni, ich möchte wieder sehen können.
MARKUS 10,51

Für uns Sehende
kann blind sein bedeuten
Wichtiges, Notwendiges, Gutes übersehen
oder aus den Augen verlieren
Gelegenheiten, echte Chancen, Möglichkeiten
außer Acht lassen
nur noch einen Blick haben
für Vordergründiges, Ehrgeiziges,
für Gewinn und Profit

Blind sein kann bedeuten
sich den Blick trüben lassen
durch Enttäuschungen, Verletzungen,
bittere Erfahrungen
sich blenden lassen durch Schmeicheleien
Augen verschließen
vor der Wahrheit, vor Pflichten, vor der Not anderer
sich trotzig besserer Einsicht verweigern

Gottvertrauen treibt an

*Werft also eure Zuversicht nicht weg,
die großen Lohn bringt.*
HEBRÄERBRIEF 10,35

Was für den Segler
    der Aufwind ist

für das Segelboot
    die leichte Briese

für dürres, trockenes Land
    der Nieselregen

für den Morgen
    die aufgehende Sonne

das ist das Gottvertrauen
für uns Menschen

Sanft und dennoch kraftvoll
setzt es in Bewegung

Bitte um Redlichkeit

Ich weiß, mein Gott,
dass du die Herzen prüfst
und an Aufrichtigkeit Gefallen hast.
ERSTES BUCH DER CHRONIK 29,17A

Herr,
ich bin kein Genie –
keiner, der alles kann
und dem alles gelingt

Aber für alles
was ich plane und ausführe
erbitte ich von dir die Kraft zur Redlichkeit

Redlich möchte ich sein
    im Denken und Urteilen
Redlichkeit und Aufrichtigkeit
    sollen mein Sprechen und Reden bestimmen
Rechtschaffen und redlich
    sei mein Wandel und mein Handeln

Herr,
ich verlange und strebe nicht danach
ein Genie zu werden –
aber ein Mensch von großer Redlichkeit
der möchte ich sein

Mit Gott im Gespräch bleiben

Darum müssen wir umso aufmerksamer
auf das achten,
was wir gehört haben,
damit wir nicht vom Weg abkommen.
HEBRÄERBRIEF 2,1

Wo wir das Gespräch mit Gott
für immer beenden

uns seinen Weisungen
verschließen

nach seinem Willen
nicht mehr forschen und fragen

dort bietet sich uns gewöhnlich
der Egoismus
als Gesprächspartner oder Ratgeber an

Nähe anstreben

Schau auf das,
was vor Augen liegt.
ZWEITER KORINTHERBRIEF 10,7A

Gott und den Nächsten
sollten wir nicht nur
aus weiter Ferne betrachten

sonst entgehen uns zu leicht
ihre Einladungen
ihre Angebote
ihre guten Wünsche an uns
ihre vorsichtigen Bitten
ihr Werben um unsere Liebe
ihre Anfragen zur Freundschaft

Unser Herz wünscht sich Nähe
um deutlich zu sehen
was vorliegt

Die uns geliehene Zeit

Lasst uns nicht müde werden, das Gute zu tun;
denn wenn wir darin nicht nachlassen,
werden wir ernten, sobald die Zeit dafür gekommen ist.
Deshalb wollen wir, solange wir noch Zeit haben,
allen Menschen Gutes tun.
GALATERBRIEF 6,9–10A

Die Lebenszeit auf dieser Erde
erhalten wir gleichsam
als ein Darlehen von Gott

und geben
einen Tag um den anderen
als Zinsbetrag zurück

Doch den Gewinn aus jedem Tag –
die mit dem Herzen erworbenen Schätze

bleiben für immer und ewig
unser persönliches Eigentum

Vergangen ist nicht schon vorüber

Denk alle Tage an den Herrn, unseren Gott, mein Sohn,
und hüte dich davor,
zu sündigen und seine Gebote zu übertreten.
Handle gerecht, solange du lebst;
geh nicht auf den Wegen des Unrechts.
TOBIT 4,5

Was vergangen ist
ist nicht vorüber
nur weil es zeitlich hinter uns liegt
und wir uns Neuem zuwenden

Das Geschehene und Angerichtete
das Unterbliebene und Versäumte
das nicht Berücksichtigte und Vertane

bleiben in uns gegenwärtig
und klagen uns an

bis wir einen Ausgleich mit dem Vergangenen
suchen und finden
der vor unserem Gewissen bestehen kann

Warum verändern?

Wer begreift den Geist des Herrn?
Wer kann ihn belehren?
ERSTER KORINTHERBRIEF 2,16A–B

Warum
willst du unbedingt
und oft mit aller Gewalt

verändern
umkrempeln
zurechtbiegen
glätten
korrigieren und verbessern

was Gott belässt
wie es ist

Vielleicht will Gott
dass du dich änderst durch das
was für uns Menschen
nicht zu ändern ist

Das gute Wort

Eure Worte seien immer freundlich,
doch mit Salz gewürzt;
denn ihr müsst jedem
in der rechten Weise antworten können.
KOLOSSERBRIEF 4,6

Ein gutes Wort –
Anerkennung, Lob, Ermutigung

können uns
einen ganzen Tag lang beflügeln
    positiv zu denken
    Lustlosigkeit zu überwinden
    Mühe zu ertragen
    freundlich zu reagieren
    im Herzen zu jubeln
    Dank zu empfinden

Und noch an vielen späteren Tagen
hallen gute Worte als Echo wider

Dank an die Eltern

Früh am Morgen stand Laban auf,
küsste seine Söhne und Töchter und segnete sie.
GENESIS 32,1A

Ich danke dir, Mutter,
und auch dir, meinem Vater,
dass ihr mich oft gesegnet habt

In euren Augen lag dabei
eine spürbar feste Zuversicht –
ein Vertrauen in Gott und Vertrauen in mich

Nach und nach begriff ich
dass ihr mich und mein Dasein
einem Unsichtbaren anvertrautet
damit er mir schenke
was ihr mir offensichtlich nicht gewähren konntet

Eure Worte waren stets gefüllt
mit Dank an den Schöpfer und Freude über mich

Noch kannte ich den nicht
mit dem ihr redetet
und auf dessen Schutz und Beistand ihr bautet

Trotzdem begann ich bereits, ihn zu lieben
weil ich sah
wie sehr ihr euch von ihm geliebt wusstet
und wie fest ihr ihm vertrautet

Die Steine vom Herzen entfernen

Er rief die Volksmenge
und seine Jünger zu sich und sagte:
Wer mein Jünger sein will,
der verleugne sich selbst,
nehme sein Kreuz auf sich und folge mir nach.
MARKUS 8,34

Mir ist ein Stein vom Herzen gefallen
Ich kann wieder aufatmen und durchatmen

Unsere Sorgen, Leiden, Nöte
als Kreuz anzunehmen und zu tragen
hat Jesus uns eingeladen und aufgefordert

Das Schwere unseres Lebens
als Steine auf unser Herz zu legen
hindert uns daran durchzuatmen
Nötige Kräfte werden uns bald fehlen

Im Ja zum Leben und dem
was es uns auferlegt
werden unsere Leiden, Sorgen und Nöte nicht kleiner
aber wir belassen sie am richtigen Ort
als Last auf unseren Schultern

Unser Herz bleibt frei
und kann Kräfte zum Kreuz-Tragen entwickeln

Ich will mich berauschen

*Ich hatte im Sinn, Freude zu erleben,
ich strebte ohne Rast nach Glück.*
JESUS SIRACH 51,18

Im Rausch der Drogen
im Erleben des Kicks
im maßlosen Überschreiten von Grenzen
suchen Menschen nach dem Glück

Ich will mich berauschen, Herr,
an der Schönheit und Pracht deiner Schöpfung
an der Vielzahl deiner Entwürfe
an ihren Farben und Formen
am Wachsen und Werden
an den Geheimnissen, die ich staunend entdecke
am Ausmaß deiner Liebe zu uns Menschen
an deinem Ja zu mir
an deinem Vertrauen, das du in mich setzt
an deiner Weisheit, mit der du alles lenkst

Ich will mein Glück suchen
im Rausch an dir, mein Gott

Das immerwährende Lob

Lobe den Herrn, meine Seele,
und alles in mir seinen heiligen Namen!
PSALM 103,1

Der Gesang der Vögel am frühen Morgen
ist kein Wettstreit
um die schönste Stimme oder das kunstvollste Lied
sondern Dank und Lobpreis an den Schöpfer

Lobpreis und Dank setzen sich fort
im Krähen der Hähne
im Summen der Hummeln, Bienen und Insekten
im Plätschern und Glucksen der Bäche
im Raunen der Wälder
im Rauschen der Bäume und Büsche
im Knistern und Knacken des Geästs
im Ruf des Kuckucks aus der Ferne
im Lied der Lerche am blauen Himmel
im Gurren der Tauben

Lobpreis und Dank münden am Abend ein
ins Konzert der Frösche und Kröten
in den Gesang der Nachtigall
ins Zirpen der Grillen
ins Atmen der Stille und Ruhe der Nacht

Und immer sind wir eingeladen
einzustimmen
in den Dank und Lobpreis Gottes

Aus Gott
und seinem Segen
leben

Bitte um Gottes Segen

Gott sei uns gnädig und segne uns.
Er lasse über uns sein Angesicht leuchten.
PSALM 67,2

Gott, sei mit mir
mit der Fülle deines Segens
damit ich voll Vertrauen und Hoffen
dem entgegenblicke
was das Leben mir abverlangen wird
und an Beglückung schenken will

Gott, sei mit mir
mit der Fülle deines Segens
damit meine Arbeit und Mühe eines jeden Tages
in Liebe und Herzlichkeit gekleidet sei
und bestimmt wird vom Verlangen
Güte und Versöhnung auszustreuen

Gott, sei mit mir
mit der Fülle deines Segens
wenn mich Enttäuschung trifft
Leiden und Nöte mich bedrängen
Zorn und Bitterkeit mein Herz besetzen wollen
der Glaube an das Gute in den Menschen schwierig wird

Gott, sei auch dann mit mir
mit der Fülle deines Segens
wenn ich mich zu Bösem habe verleiten lassen
und das Eingestehen der Schuld mich
große Überwindung kostet

Vom Bitten zum Danken

Wenn ihr ruft,
wenn ihr kommt und zu mir betet,
so erhöre ich euch.
JEREMIA 29,12

Aus meinem leisen oder verzagten
„Herr, erbarme dich!"

ist oft schon ein jubelndes

„Dank sei Gott!"
geworden

Stunden und Augenblicke des Gebetes
und des vertrauten Gesprächs mit Gott
sind gut angelegt
und nie vergeudete Zeit

Die Sprache Gottes

*Lasst uns streben nach Erkenntnis,
nach Erkenntnis des Herrn.
Er kommt so sicher wie das Morgenrot;
er kommt zu uns wie der Regen,
wie der Frühjahrsregen, der die Erde tränkt.*
HOSEA 6,3

Gott redet zu uns
nicht in einer Sprache
die wir mit unseren Ohren vernehmen können

Die Sprache Gottes
ist die des Berührens und des Anrührens

durch
Ereignisse
Überraschungen
Erlebnisse
Begegnungen
Einfälle
Phantasien
Bilder

Je tiefer wir uns im Herzen anrühren lassen
je tiefer wir uns mit allen Sinnen auf Gott einstellen
umso deutlicher
werden wir ihn zu uns sprechen hören

Segne meine Hände

Mit deiner Hand hast du das alles getan,
du hast segensreiche Taten für Israel vollbracht,
und Gott hat daran Gefallen gehabt.
Sei gesegnet vom Herrn, dem Allmächtigen, für ewige
Zeiten.
Und alles Volk rief: Amen
JUDIT 15,10

Gott, aus deiner Hand strömt reicher Segen

Segne auch meine Hände
dass sie sich nicht zu Fäusten ballen
dass sie nicht greifen nach fremdem Gut
dass sie keinen Meineid schwören
dass sie niemanden quälen
dass sie nicht festhalten, was sie loslassen müssten

Segne meine Hände
damit sie sich oft zum Beten falten
damit sie zupacken und helfen
damit sie bei der Hand nehmen und Halt bieten
damit sie behutsam und zärtlich sind
damit sie sich öffnen zum Schenken und Empfangen
damit sie der Mühe anderer Beifall spenden
damit sie die Hand zur Versöhnung reichen

Herr,
segne meine Hände
auf dass auch sie oft segnen in deinem Namen

Wenn Dunkelheit sich über uns ausbreitet

Muss ich auch wandern in finsterer Schlucht,
ich fürchte kein Unheil;
denn du bist bei mir,
dein Stock und dein Stab
geben mir Zuversicht.
PSALM 23,4

Ratlosigkeit, Zweifel, Vorsicht
böse und bittere Erfahrungen
führen uns in Unsicherheit und Ängste
wie in eine finstere Schlucht

Unsere Ängste sind berechtigt
Erfahrungen aus der Vergangenheit haben uns gezeigt
Die finsteren Schluchten im Leben gibt es

Herr,
noch stehen viele Sterne der Zuversicht
an meinem Himmel
noch kann ich hoffnungsvoll atmen
Darum bitte ich dich
mit aller Kraft meines noch freien Herzens
Stärke meinen Glauben an deine Hilfe in der Not
damit er mir in den Dunkelheiten des Lebens
Stock und Stab ist
und Zuversicht gewährt

Was Gottes Geist bewirken kann

Alle wurden von Furcht ergriffen;
denn durch die Apostel
geschahen viele Zeichen und Wunder.
APOSTELGESCHICHTE 2,43

Gottes Geist
formt

aus Schweigenden – Bekenner
aus sich Zurückhaltenden – Helfende
aus Feiglingen – Entschlossene
aus Zweiflern – Überzeugte
aus Ängstlichen – Mutige und Martyrer
aus Sündern – Heilige

Gottes Geist wirkt
in uns
und durch uns
kleine und große Wunder

Gott den kleinen Finger reichen

Ich suchte den Herrn,
und er hat mich erhört,
er hat mich all meinen Ängsten entrissen.
PSALM 34,5

Wer Gott
auch nur ein Stückchen
den kleinen Finger
reicht

den hält er in der Not
fest und sicher
am Arm oder bei der Hand

Gott möchte ich schauen dürfen

Deine Augen sahen, wie ich entstand,
in deinem Buch war schon alles verzeichnet;
meine Tage waren schon gebildet,
als noch keiner von ihnen war.
PSALM 139,16

Der du mich schautest und liebtest
noch ehe ich war
sieh mich voll Güte an
Tag um Tag

Der du mich beim Namen riefst
als die Zeit gekommen war
ins Leben einzutreten
und der du mein Wesen prägtest
im dunklen Schoß meiner Mutter
lass mich weiter wachsen und reifen
im Lichtglanz meiner Tage

Der du mich wolltest von allem Anfang an
begleite mich zu jeder Zeit
um ganz dein zu sein

Dich meinen Schöpfer
möchte ich einmal
mit meinen Augen schauen dürfen
Voll Sehnsucht bin ich
dir, meinem Gott, zu begegnen
um dir zu danken von Angesicht zu Angesicht

Meine Unruhe wächst

Vernimm, o Herr, mein lautes Rufen;
sei mir gnädig und erhöre mich!
PSALM 27,7

Herr,
meine Unruhe nimmt zu
Unsicherheit macht sich in meinem Herzen breit

Voll Vertrauen habe ich zu dir gebetet
fest auf deine Hilfe gebaut

Du aber antwortest dieses Mal nicht
noch gibst du mir ein Zeichen
dass du mich überhaupt noch im Blick hast

An wen soll ich mich wenden
wenn du mich im Stich lässt
Wen könnte ich sonst um Hilfe bitten
Ich kenne niemanden
Ich sehe niemanden
Ich weiß niemanden
Genau das macht mir Angst

Wie viele Male willst du mein Vertrauen in dich
noch prüfen
bis du mir eine Antwort oder ein Zeichen gibst

Schwach und krank

Meine Seele klebt am Boden.
Durch dein Wort belebe mich.
PSALM 119,25

Richte mich auf, Herr
Ich bin sehr krank geworden –
erst der Körper, dann auch die Seele
Hinfällig, schwach und kraftlos
stehe ich am Rande des Lebens

Es ist so vieles anders geworden
Für das, was mir früher einmal wichtig war
kann ich nicht mehr kämpfen
nicht einmal mehr die Stimme erheben

Die Frage „Habe ich eigentlich Wichtiges
angestrebt?"
lässt mich nicht los, stellt sich jeden Tag neu
Ich spüre, dieser Frage nicht auszuweichen
ist jetzt in meiner Situation wichtig

Alles Unterdrückte, Versäumte, Aufgeschobene
Versagen und noch nicht eingestandene Schuld
muss endlich angegangen werden
um nicht etwas Wichtiges im Leben zu unterlassen

Herr, richte mich noch einmal auf
Es fehlt noch Wichtiges
das ich vollbringen will und muss
um mein Leben abzurunden

Wunder geschehen anders als erwartet

Doch Naaman wurde zornig. Er ging weg und sagte:
Ich dachte, er (der Prophet) würde herauskommen,
vor mich hintreten, den Namen Jahwes,
seines Gottes, anrufen,
seine Hand über die kranke Stelle bewegen
und so den Aussatz heilen.
So ging Naaman also zum Jordan hinab
und tauchte siebenmal unter,
wie ihm der Gottesmann befohlen hatte.
Da wurde sein Leib gesund wie der Leib eines Kindes,
und er war rein.
ZWEITES BUCH DER KÖNIGE 5,11.14

Unerwartet bist du krank geworden
Lange Zeit habe ich Gott um ein Wunder angefleht
das dich heilen sollte

Aber du bliebst krank –
„unheilbar" sagten die Ärzte

Inzwischen weiß ich
dass zwei Wunder geschehen sind
ein Heilungs-Wunder im Inneren an dir
und ein Bekehrungs-Wunder im Danken an mir

Ganz gegen meine Erwartung
versöhntest du dich mit deinem Schicksal
wurdest innerlich heil und so stark und kräftig
dass du ein volles Ja zu deiner Krankheit
sagen konntest

Nie habe ich in deinen gesunden Tagen
so viel Energie, ja Lebensfreude in dir gespürt
wie ich sie jetzt bei dir erleben darf

Nie zuvor habe ich
Gott so oft und so herzlich gedankt
für seinen gewährten Beistand
und sein wunderbares Handeln
wie seit diesem Erleben mit dir

Bis in den Schlaf

Er erleuchte die Augen eures Herzens,
damit ihr versteht,
zu welcher Hoffnung ihr durch ihn berufen seid,
welchen Reichtum die Herrlichkeit seines Erbes
den Heiligen schenkt.
EPHESERBRIEF 1,18

Ich wüsste nicht und sehe nicht
wie ich Hoffnung in mir
erwerben und aufrechterhalten könnte
ohne Zuversicht und Vertrauen in Gott

Ich kann mir ein Leben –
Planen, Riskieren, Wirken, Schaffen –
ohne den festen Glauben an Gottes Hilfe
nicht vorstellen

Zuversicht und Gottvertrauen
nehme ich mit bis in den Schlaf
und ruhe darauf aus
um mit neuem Schwung
den nächsten Tag zu beginnen

Uns fehlen neue Worte für Gottes Wesen

*Denn der Herrscher des Alls scheut niemand
und weicht vor keiner Größe zurück.*
BUCH DER WEISHEIT 6,7A

Je mehr ich
über die Entdeckungen der Wissenschaftler
erfahre und begreife

umso deutlicher wird mir
wie klein und gering
ich mir bisher Gott vorgestellt habe
trotz aller Versuche
groß und erhaben über ihn zu denken

Wir bräuchten viele neue Worte
um Gottes Wesen in seiner Größe, Weisheit, Liebe
auszudrücken –
Worte, die die bisherigen Ausdrücke
mit denen wir von Gott reden
übersteigen

Auf dein Wort hin

Fahr hinaus auf die See!
Dort werft eure Netze zum Fang aus!
Simon antwortete ihm:
Meister, wir haben die ganze Nacht gearbeitet
und nichts gefangen.
Doch wenn du es sagst,
werde ich die Netze auswerfen.
Das taten sie,
und sie fingen eine so große Menge Fische,
dass ihre Netze zu reißen drohten.
LUKAS 5,4B–6

Du, Jesus, bist nicht selbst
mit ins Boot eingestiegen
als du Petrus sagtest
er solle das Netz neu
zum Fischfang auswerfen

Du wolltest dich nicht
als der bessere Fischer präsentieren
nicht als der Alleskönner
sondern als der
unter dessen Segen unsere Arbeit und Mühe stehen
wenn wir sie im Vertrauen auf dich
auf uns nehmen

Auf Heu und auf Stroh

Als sie dort (in Betlehem) waren,
kam für Maria die Zeit ihrer Niederkunft,
und sie gebar ihren Sohn, den Erstgeborenen.
Sie wickelte ihn in Windeln
und legte ihn in eine Krippe,
weil in der Herberge kein Platz für sie war.
LUKAS 2,6–7

Auf das Heu und das Stroh
unserer oft schwachen Liebe
unseres zuweilen unentschiedenen Glaubens
unseres angefochtenen Vertrauens
unserer schwankenden Treue

will Christus sich gern betten

wenn wir ihm nur unser Herz
als Herberge anbieten

Wir dürfen Gott belasten

*Wirf deine Sorgen auf den Herrn,
er hält dich aufrecht!*
PSALM 55,23A

Wir dürfen Gott belasten
mit unseren Sorgen und Nöten
mit unseren Ängsten und Vorwürfen
mit unserer Verzagtheit und unserem Kleinmut
mit unserem Kummer und Leid
mit unserer Unsicherheit und inneren Unruhe

Es ehrt Gott
wenn wir voll Vertrauen
unsere Zuflucht zu ihm nehmen
und uns an ihm aufrichten

Die Top-Adresse

Für viele bin ich wie ein Gezeichneter,
du aber bist meine starke Zuflucht.
Mein Mund ist erfüllt von deinem Lob,
von deinem Ruhm den ganzen Tag.
PSALM 71,7–8

Wie oft schon
musste ich in meinem Leben
um Hilfe bitten

Wie oft schon
konnte mir niemand helfen
außer Gott

Als Helfer in der Not
ist er meine erste und wärmste Empfehlung

Eine Adresse mit besserem Angebot
und zuverlässigerer Hilfe
kenne ich nicht

Jesus sei mein Wegbegleiter

Nehmt mein Joch auf euch und lernt von mir;
denn ich bin gütig und von Herzen demütig;
so werdet ihr Ruhe finden für euere Seele.
MATTHÄUS 11,29

Wer könnte von sich sagen
dass er das Leben besser kennt als du
Jesus, Mann aus Nazaret

Armut und Flucht
Versuchung und Bewährung
Aufstieg und Niedergang
Verrat durch die eigenen Freunde
Misshandlung und Hinrichtung
hast du durchlebt und durchschritten
und bliebst ohne Bitterkeit
ein Mensch mit Herz bis in den Tod

Ich möchte
dass du an meiner Seite
mit mir durchs Leben gehst
du Kenner des Lebens wie kein anderer
An deiner Kraft will ich mich aufrichten
damit auch mein Herz
immer ein liebendes sei
und nicht bitter wird
in Stunden der Drangsal und des Leids

INHALT

Vorwort 5

Leben im Ja zu uns selbst

Die Rolle Gottes in meinem Leben 9
Sei so frei 10
Wenn andere an dir zweifeln 11
Eigene Schwächen akzeptieren 12
Mit Gott gelingt das Leben 13
Wende dich auch dir selber zu 14
Das Ja zu unseren Grenzen 15
Warum bin ich, wie ich bin? 16
Bewege mich durch deinen Geist 17
Nur mit uns 18
Verbirg deinen Schatten nicht 19
Die eigenen Grenzen sichtbar machen 20
Sich selbst überraschen 21
Lass dich nicht treiben 22
Auf rechtem Weg verbleiben 23
Loslassen und im Wesen wachsen 24
Uns für den Tag zubereiten 25
Freude am Klagen 26

Leben gestalten

Der Tageskalender 29
Den Spieß umdrehen 30
Erst noch in den Spiegel schauen 31
Dem Widerwärtigen trotzen 32

Freude am Glauben *34*
Lass dich verführen *35*
Verhalten in die falsche Richtung aufgeben *36*
Glaube will prägen *37*
Ich will mich verlieben *38*
Maskerade *39*
Kostbare Lebenserfahrung *40*
Sich in der Liebe bewähren *41*
Liebe eifert nicht *42*
Sich dem göttlichen Feuer aussetzen *43*
Lasst euch ermahnen *44*
Das lautere Herz *45*
Sei kreativ *46*
Manchmal bedarf es erst der Tränen *47*
Scheue die Hast *48*
Ein Ja zu deinem Nein *49*
Altern rechtzeitig vorbereiten *50*
Die Sprache der Natur *51*
Gottes Wort schenkt Leben *52*
Schlechte Gewohnheiten bereiten Verdruss *53*
Unsere Früchte müssen wir verschenken *54*

Miteinander füreinander leben

Tautropfen für die Seele *57*
Nicht überzogen reagieren *58*
Sag mir deine Wünsche *59*
Sie werden sich aufrichten *60*
In den Wind gesprochen *61*
Begegnung mit Fremden *62*
Wohlwollen setzt in Bewegung *63*
Ich möchte dich nicht verlieren *64*
Zurückhaltend im Reden *65*
Hand anlegen *66*

Hoffnungen nicht zerstören 67
Füllet die Krüge mit Wasser 68
Das schönste Wort an uns Menschen 69
Leid macht stumm 71
Baut Gott nicht das Haus 72
Die Satten 73
Zum Segen werden 74
Ein Lichtstrahl der Liebe 75

wachsen – blühen – reifen

Sich in den Glanz der Gnade stellen 79
Alte Gewohnheiten hinter sich lassen 80
Wüste gehört zum Leben 81
Ohne Tod kein Übergang in neues Leben 82
Das Gute festhalten 84
Ein dankbares Herz empfindet doppelt 85
Verborgene Quellen 86
Lebensrollen 87
Nicht alles wechselt die Mode und Zeit 88
Mein Paradies 89
Blind sein 90
Gottvertrauen treibt an 91
Bitte um Redlichkeit 92
Mit Gott im Gespräch bleiben 93
Nähe anstreben 94
Die uns geliehene Zeit 95
Vergangen ist nicht schon vorüber 96
Warum verändern? 97
Das gute Wort 98
Dank an die Eltern 99
Die Steine vom Herzen entfernen 100
Ich will mich berauschen 101
Das immerwährende Lob 102

Aus Gott und seinem Segen leben

Bitte um Gottes Segen *105*
Vom Bitten zum Danken *106*
Die Sprache Gottes *107*
Segne meine Hände *108*
Wenn Dunkelheit sich über uns ausbreitet *109*
Was Gottes Geist bewirken kann *110*
Gott den kleinen Finger reichen *111*
Gott möchte ich schauen dürfen *112*
Meine Unruhe wächst *113*
Schwach und krank *114*
Wunder geschehen anders als erwartet *115*
Bis in den Schlaf *117*
Uns fehlen neue Worte für Gottes Wesen *118*
Auf dein Wort hin *119*
Auf Heu und auf Stroh *120*
Wir dürfen Gott belasten *121*
Die Top-Adresse *122*
Jesus sei mein Wegbegleiter *123*

Die Bibelstellen wurden entnommen der
Einheitsübersetzung der Heiligen Schrift
© 1980 Katholische Bibelanstalt, Stuttgart

Bibliografische Information der Deutschen Nationalbibliothek

Die Deutsche Nationalbibliothek verzeichnet diese Publikation
in der Deutschen Nationalbibliografie; detaillierte bibliografische
Daten sind im Internet über <http://dnb.d-nb.de> abrufbar.

© 2010 Echter Verlag GmbH, Würzburg
www.echter-verlag.de

Gestaltung
Peter Hellmund, Würzburg

Titelbild
plainpicture

Druck und Bindung
CPI – Clausen & Bosse, Leck

ISBN 978-3-429-03281-4